# BEI GRIN MACHT SICH IHR WISSEN BEZAHLT

- Wir veröffentlichen Ihre Hausarbeit, Bachelor- und Masterarbeit

- Ihr eigenes eBook und Buch - weltweit in allen wichtigen Shops

- Verdienen Sie an jedem Verkauf

## Jetzt bei www.GRIN.com hochladen und kostenlos publizieren

**Bibliografische Information der Deutschen Nationalbibliothek:**

Die Deutsche Bibliothek verzeichnet diese Publikation in der Deutschen National-
bibliografie; detaillierte bibliografische Daten sind im Internet über http://dnb.d-
nb.de/ abrufbar.

**Impressum:**

Copyright © 2017 GRIN Verlag, Open Publishing GmbH
Druck und Bindung: Books on Demand GmbH, Norderstedt Germany
ISBN: 9783668620049

**Dieses Buch bei GRIN:**

https://www.grin.com/document/387318

Christoph Maier

# Vorlesungsmitschrift in der Betriebwirtschaftslehre. Rechnungswesen und Blianzierung

GRIN Verlag

**GRIN - Your knowledge has value**

Der GRIN Verlag publiziert seit 1998 wissenschaftliche Arbeiten von Studenten, Hochschullehrern und anderen Akademikern als eBook und gedrucktes Buch. Die Verlagswebsite www.grin.com ist die ideale Plattform zur Veröffentlichung von Hausarbeiten, Abschlussarbeiten, wissenschaftlichen Aufsätzen, Dissertationen und Fachbüchern.

**Besuchen Sie uns im Internet:**

http://www.grin.com/

http://www.facebook.com/grincom

http://www.twitter.com/grin_com

# Vorlesungsmitschrift zum Thema Rechnungswesen

## Aufbewahrungspflichten

- Handelsbücher, Inventare, Bilanzen und Buchungsbelege -> 10 Jahre
- Handelsbriefe -> 6 Jahre

## Merkmale einer Bilanz

- Bilanz ist in Kontoform aufzustellen
- Sie wird zu einem Stichtag aufgestellt
- Beide Seiten haben exakt den gleichen Wert
- Die beiden Seiten heißen Aktiva und Passiva
- Die Gliederung erfolgt von langfristig zu kurzfristig
- Über die Schlussbilanz werden nur aktive und passive Bestandskonten buchhalterisch abgeschlossen

## Merkmale einer GuV Rechnung

- ist in Staffelform aufzustellen
- Unternehmensergebnis kann nach dem Gesamt- oder Umsatzkostenverfahren ermittelt werden.
- Erfolgt eine Gegenüberstellung von Aufwendungen und Erträgen
- wird zeitraumbezogen aufgestellt
- Hier werden nur Erfolgskonten buchhalterisch abgeschlossen

## Berechnung von Durchschnittswerten

Durchschnittswerte werden in der Regel wie folgt berechnet:

$$\frac{\text{Anfangsbestand} + \text{Endbestand}}{2}$$

## Berechnung des Betriebsergebnisses

Betriebsergebnis = Umsatzerlöse – Selbstkosten
Selbstkosten = Materialkosten + Fertigungskosten

## Buchungsvorgänge

➔ Bei Aktiva Konten werden Zugänge im Soll gebucht und Abgänge im Haben.
➔ Bei Passiva Konten werden Zugänge im Haben gebucht und Abgänge im Soll.
➔ Bei den Aufwandskonten wird immer der Aufwand im Soll gebucht.
➔ Bei den Erlöskonten wird der Erlös immer im Haben gebucht.

# Vorsichtsprinzip

Das Vorsichtsprinzip besagt, dass die Aktiv Posten eher niedriger und die Passiva eher höher bewertet werden. Und eine angemessene Berücksichtigung aller vorhersehbaren Risiken und Verluste.

# Realisationsprinzip

Gewinne sind erst dann auszuweisen, wenn sie realisiert sind. Dies ist erst im Falle des Verkaufs gegeben.

# Imparitätsprinzip

Im Gegensatz zu den Gewinnen müssen Verluste gebucht werden sobald sie bekannt werden. Das Imparitätsprinzip bestimmt, dass nicht realisierte, aber bereits absehbare Verluste ausgewiesen werden müssen.

## Kreditoren = Lieferanten
## Debitoren = Kunden

# Wer ist Buchführungspflichtig?

Buchführungspflichtig ist jeder Kaufmann, der ein Handelsgewerbe betreibt.

# Was ist Buchführungspflicht?

Unter Buchführungspflicht versteht man das Führen von Büchern. Das heißt buchen der laufenden Geschäftsfälle und ersichtlich machen seines Vermögens nach den Grundsätzen ordnungsgemäßer Buchführung

# Grundsätze ordnungsgemäßer Buchführung

- ➢ Grundsatz der Übersichtlichkeit
  Ein Dritter muss sich in angemessener Zeit zurechtfinden und sich einen Überblick verschaffen können.

- ➢ Grundsatz der Vollständigkeit
  Aufzeichnungen müssen vollständig, richtig, zeitgerecht und geordnet sein.

- ➢ Grundsatz der Richtigkeit
  Sachliche und rechnerisch richtige Aufzeichnung aller Geschäftsvorfälle

- ➢ Belegprinzip
  Keine Buchung ohne Beleg. Jedem Geschäftsfall muss ein Beleg zu Grunde liegen, der sachlich und rechnerisch richtig ist.

➤ Grundsatz der Ordnungsmäßigkeit
Chronologische und zeitnahe Verbuchung

➤ Grundsatz der Sicherheit
Maßnahmen zur Sicherung und Aufzeichnung aller Unterlagen

## Aufstellen eines Inventars

Das Inventar muss zu Beginn, zum Schluss des Geschäftsjahres aufgestellt werden.
Hier müssen das Vermögen und die Schulden mit dem entsprechenden Betrag
aufgezeichnet werden. Die Dauer des Geschäftsjahres darf 12 Minuten nicht
überschreiten.

## Pflicht zur Aufstellung

- Zu Beginn seines Handelsgewerbes muss die Eröffnungsbilanz und zum Schluss eines
  jeden Geschäftsjahres eine Bilanz aufgestellt werden, um das Vermögen und die
  Schulden darzustellen.

- Zum Schluss eines jeden Geschäftsjahres muss außerdem einen Gewinn und Verlust
  Rechnung gemacht werden.
➤ Bilanz und G+V Rechnung bilden den Jahresabschluss

## Aufstellungsgrundsatz

- nach den Grundsätzen ordnungsgemäßer Buchführung
- klar und übersichtlich

## Sprache und Währungseinheit

- in deutscher Sprache und in Euro

## Vollständigkeit und Verrechnungsverbot

- sämtliche Vermögen, Schulden, Rechnungsabgrenzungsposten, Aufwendungen und
  Erträge müssen dargestellt werden.
- Posten der Aktivseite dürfen nicht mit Posten der Passivseite verrechnet werden.
- Aufwendungen dürfen nicht mit Erträgen verrechnet werden.

## Inhalt der Bilanz

Anlagevermögen und Umlaufvermögen, das Eigenkapital, die Schulden sowie die
Rechnungsabgrenzungsposten sind gesondert auszuweisen und hinreichend aufzugliedern.

# Rückstellungen

- Sind Verbindlichkeiten, die zum laufenden Geschäftsjahr gehören, dessen Höhe und Fälligkeit noch nicht bekannt ist.
- Dieser Wert muss evtl. geschätzt werden.

# Rechnungsabgrenzungsposten

Aktivseite: Die aktiven Rechnungsabgrenzungsposten beinhalten die Zahlungen für Aufwendungen des nächsten Jahres, die bereits in dieser Periode gebildet wurden. Sie sind als Ausgaben auf der Aktivseite vor dem Bilanzstichtag zu aktivieren und nicht sofort als Aufwand in der GuV Rechnung auszuweisen.

Merke: Ausgabe jetzt, Aufwand später: Aktiver RAP.

Passivseite: Die passiven Rechnungsabgrenzungsposten beinhalten die erhaltenen Zahlungen für die Leistungen, die das Unternehmen erst in der nächsten Periode erbringt. Sie sind auf der Passivseite vor dem Bilanzstichtag auszuweisen. Erträge des neuen Jahres, die im alten Jahr bereits Einnahmen sind.

# Grundsätze ordnungsgemäßer Bilanzierung

➢ Grundsatz der Bilanzwahrheit
- Vollständigkeit des Jahresabschlusses
- Es sind gültige Vorschriften anzuwenden
- Den tatsächlichen Verhältnissen entsprechendes Bild des Vermögens-, Finanz-, und Erfolgslage zu ermitteln.

➢ Grundsatz der Bilanzklarheit
- Der Jahresabschluss muss klar und übersichtlich sein
- Verrechnungsverbot

➢ Grundsatz der Bilanzkontinuität
Übereinstimmung der Eröffnungsbilanz mit der Schlussbilanz des Vorjahres

➢ Prinzip der Vorsicht
- Auf der Aktivseite ist eher der niedrigere und auf der Passivseite tendenziell der höhere Wert anzusetzen.
- Nicht realisierte Gewinne sind nicht auszuweisen.
- Nicht realisierte Verluste sind auszuweisen-

➢ Grundsatz der periodengerechten Erfolgsermittlung
Aufwendungen und Erträge des Geschäftsjahres sind unabhängig von den Zeitpunkten der entsprechenden Zahlungen im Jahresabschluss zu berücksichtigen.

# Grundbuch (Journal)

- Aufzeichnung aller Geschäftsfälle in zeitlicher Reihenfolge.
- Das Grundbuch ist die Grundlage jeder Buchführung
- zeitliche Ordnung aller Buchungen. Durch die chronologische Aufzeichnung im Grundbuch kann jeder Geschäftsvorfall zum Beleg zurückverfolgt und damit nachgewiesen werden.
- Für jeden Geschäftsvorfall ist im Grundbuch aufzuzeichnen:
  - Datum
  - Belegnummer
  - Sollkonto
  - Habenkonto
  - Betrag
  - Buchungssatz
  - Buchungstext

# Hauptbuch

- Das Hauptbuch enthält die einzelnen Sachkonten
- Jede Buchung im Grundbuch muss auf dem entsprechenden Sachkonto des Hauptbuches erfasst werden.
- Sachliche Ordnung aller Buchungen

# Aufgaben der Buchführung

Unter dem Begriff Buchführung versteht man die planmäßige, lückenlose und ordnungsgemäße Erfassung aller Geschäftsvorfälle eines Unternehmens mit dem wesentlichen Inhalt, dem Geldwert, unter Hilfe von Belegen.
Buchführung dient zur:
- Selbstinformation des Unternehmens
- Rechenschaftsablegung gegenüber den Gesellschaftern
- Nachweis der Bewertungsgrundlage -> für Finanzamt, hat das Recht nachzuprüfen
- Gläubigerschutz
- Beweismittel

# Geschäftsvorfälle

- Geschäftsvorfälle sind wirtschaftliche und rechtliche Vorgänge, die das Vermögen und Schulden eines Unternehmens verändern.
- Die Erfassung erfolgt mit Hilfe von Buchführungsprogrammen
- Buchen der:  Eingangsrechnungen,
  Ausgangsrechnungen,
  der Bankbelege
  der Kassenbelege
  der Darlehen
- Bevor die Belege gebucht werden, müssen sie geprüft und abgelegt werden. Hier gilt es bestehende Gesetze zu beachten.

# Buchführungspflichten

- Nach Handelsrecht ist jeder Kaufmann verpflichtet Bücher zu führen
  Ausnahme: Kleingewerbetreibende, Freiberufler, Landwirte
  Beinhaltet: Inventur, Inventar, Jahresabschluss
- Wer nach Handelsrecht buchführungspflichtig ist, ist auch nach Steuerrecht buchführungspflichtig
- Nach Steuerrecht:     § 140 AO abgeleitete Buchführungspflicht
  §141 originäre Buchführungspflicht
  Freiberufler sind nicht buchführungspflichtig

## Verstöße gegen die Buchführungspflicht

- Es werden keine Bücher geführt
- Geschäftsvorfall wurde falsch oder unvollständig gebucht
- Geschäftsvorfall wurde im falschen Zeitraum gebucht
- Kasseneinnahmen wurden nicht täglich, sondern in größeren Zeitabständen festgehalten.
- Buchungen werden mit Bleistift vorgenommen
- Buchungen werden zeitlich ungeordnet vorgenommen-
- Bei geringen Mängeln wird die Buchführung durch zu Schätzung berichtigt.
- Bei schweren formellen und sachlichen Mängeln kann die Buchführung verworfen werden. Es kann zur Vollschätzung und zu Geldbußen kommen.

## Jahresabschluss

- Die Bilanz und G+V Rechnung bilden den Jahresabschluss. Bei Kapitalgesellschaften zusätzlich Anhang und Lagebericht.
- Muss zu Beginn des Handelsgewerbes und am Ende eines jeden Geschäftsjahres aufgestellt werden.
- Muss vollständig sein
- Die Bilanz muss dabei folgendes beinhalten: Anlage- und Umlaufvermögen, Eigenkapital, Schulden und Rechnungsabgrenzungsposten. Diese Werte werden durch die Inventur festgestellt.
- Bewertungsgrundsätze sind zu beachten:
  → Bei der Bewertung sind alle, sich für die Zukunft abzeichnenden Risiken zu berücksichtigen.
  → Die auf den vorhergehenden Jahresabschluss angewandten Bewertungsgrundsätze sind beizubehalten.
  → Vermögensgegenstände und Schulden sind zum Abschlussstichtag einzeln zu bewerten.
  → Bei der Bewertung ist von der Fortführung der Unternehmertätigkeit auszugehen.
  → Die Wertansätze in der Eröffnungsbilanz müssen mit denen der Schlussbilanz übereinstimmen.
  → Die Bilanz muss ordnungsgemäß gegliedert sein.
  → Der Jahresabschluss muss eine G+V Rechnung enthalten

# Inventur

- Die Inventur muss zum Beginn der betrieblichen Tätigkeit, zum Jahresende und zum Ende der betrieblichen Tätigkeit gemacht werden.
- Ist eine Stichtagsbezogene körperliche Erfassung aller Vermögens- und Schuldbestände
- Das Ergebnis der Erfassung ist das Inventar

## Inventar

Gliederung nach: A) Vermögen
- Anlagevermögen
- Umlaufvermögen
B) Schulden
- zuerst langfristige, dann kurzfristige Schulden
C) Reinvermögen
= Vermögen − Schulden

- Aufzustellen zu Beginn eines Handelsgewerbes und zum Schluss eines jeden Geschäftsjahres
- Buchführungspflichtige sind auch Inventurpflichtige
- Die Belege der Inventur, die Inventuranweisungen und das Inventar sind geordnet und vollständig zu archivieren und 10 Jahre aufzubewahren.

## Bilanz

- Ergibt sich aus dem Inventar
- Muss zu Beginn eines Handelsgewerbes (Gründungsbilanz) und für den Schluss eines Geschäftsjahres eine Schlussbilanz aufgestellt werden.
- Vermögen auf der linken Seite (Aktiva) AV + UV
- Eigenkapital und Schulden auf der rechten Seite (Passiva)
- Auf beiden Seiten muss die gleiche Summe sein
- Wird zum Stichtag aufgestellt
- Stellt den Wert des Unternehmens zu einem bestimmten Tag fest.
- in Kontoform aufzustellen
- klar und übersichtlich
- in Deutsch und Euro
- alle Vermögengegenstände, Schulden und RAP

## Bestandsveränderungen

- Bilanz wird für einen bestimmten Zeitpunkt aufgestellt. Unmittelbar nach diesem Zeitpunkt ändern sich die Bestände des Vermögens und des Kapitals durch Geschäftsvorfälle

- Bilanzgleichgewicht bleibt erhalten, da jede Änderung eines Bestandes durch eine entsprechende Änderung eines Bestandes ausgeglichen wird. Es gibt Bestandveränderungen die das Eigenkapital berühren und solche, die es nicht berühren.
- **Aktiv Tausch**: Bei einem Aktivtausch sind durch einen Geschäftsvorgang zwei Aktivposten betroffen. Durch ihn wird eine Bilanzposition erhöht, die andere um denselben Betrag verringert.
  → Die Gesamte Bilanzsumme bleibt folgerichtig unverändert.

- **Aktiv Passiv Mehrung**: Bei einer Aktiv – Passiv – Mehrung nimmt sowohl die Aktivseite als auch die Passivseite der Bilanz in gleicher Höhe zu. Auf der Aktivseite und auf der Passivseite findet ein Wertezuwachs statt.
  → Die Vermögens- und eine Kapitalmehrung erhöht die Bilanzsumme.

- **Passiv Tausch**: Beim Passivtausch sind durch einen Geschäftsvorfall zwei Passivkonten betroffen. Analog zum Aktivtausch wird durch ihn die eine Bilanzposition erhöht, während die andere um denselben Beitrag verringert wird.
  → Die gesamte Bilanzsumme bleibt auch hier unverändert.

- **Aktiv Passiv Minderung**: Dabei wird sowohl auf der Aktivseite der Bilanz, als auch auf der Passivseite gemindert. Die Bilanzsumme ändert sich auf beiden Seiten um den gleichen Betrag
  → Bezeichnet die Minderung der Bilanzsumme

## Bestandskonten

- Um nicht nach jedem Geschäftsvorfall eine neue Bilanz erstellen zu müssen, werden in der Praxis die Bestandsveränderungen auf Konten erfasst.
- Werden in T – Kontenform geführt
- Linke Seite heißt Soll, rechte Seite heißt haben
- Konten die die Bestände der Bilanz aufnehmen heißen Bestandskonten
- Kosten die die Bestände der Aktivseite aufnehmen heißen Aktivkonten
- Kosten die die Bestände der Passivseite aufnehmen heißen Passivkonten
- Für jeden Posten der Bilanz wird mindestens ein Konto geführt
- Bestandskonten werden im Hauptbuch geführt
- Nebenbücher: Debitoren-, Kreditorenbuchführung

## Eröffnung der Bestandskonten

- Zu Beginn des Geschäftsjahres werden die Bestände der Bilanz auf einzelne Konten übertragen
- Jeder Geschäftsvorfall muss doppelt gebucht werden. Dabei ist der Betrag auf der Sollseite gleich dem Betrag auf der Habenseite
- **Buchen auf Aktivkonten**: Alle Erhöhungen des Bestandes werden auf der Sollseite gebucht. Alle Minderungen auf der Habenseite.
- **Buchen auf Passivkonten**: Alle Erhöhungen des Bestandes werden auf der Habenseite gebucht. Alle Minderungen auf der Sollseite.

# Buchungssatz

- Im Buchungssatz wird zuerst das Konto genannt, auf dem im Soll zu buchen ist und dann das Konto auf dem im Haben zu buchen ist.

## Bewertung von Anlage- und Umlaufvermögen

- Anlagevermögen: Obergrenze: Anschaffungs- oder Herstellungskosten minus Abschreibungen. Planmäßige Abschreibungen, bei dauernder Wertminderung Pflicht zur außerplanmäßigen Abschreibung. Aktivierungsverbot.
- Umlaufvermögen: Anschaffungs-, Herstellungskosten oder niedriger Börsen- oder Marktpreis. Hier gilt strengstes Niederstwertprinzip.
- Abschreibungsarten: -> lineare Abschreibungen
                       -> degressive Abschreibungen
                       -> Leistungsabschreibung
- Beim Anlagevermögen sind die Anschaffungskosten nicht im Jahr der Anschaffung komplett Betriebsausgaben, sondern müssen auf die betriebsgewöhnliche Nutzungsdauer verteilt werden. Ausweis in der Bilanz folglich mit dem Restbuchwert. Restbuchwert = Anschaffungskosten – AfA im Jahr der Anschaffung
- Sonderregelungen:
  ➔ Wirtschaftsgüter mit einem Wert unter 410€, werden im Jahr der Anschaffung voll abgeschrieben.
  ➔ Wirtschaftsgüter im Wert zwischen 150€ und 1000€ (Sammelposten) werden ohne Berücksichtigung des Anschaffungsdatums mit 1/5 pro Jahr auf fünf Jahre abgeschrieben.
- Grundstücke unterliegen keiner Wertminderung und werden somit nicht abgeschrieben.
- Beim Umlaufvermögen gilt strengstes Niederstwertprinzip. Generell: Anschaffungs-, Herstellungskosten. Ausnahme: Aktueller Börsen- oder Marktpreis, falls niedriger.

## Anschaffungskosten / Herstellungskosten

- Anschaffungskosten: Sind die Aufwendungen, die geleistet werden um einen Vermögensgegenstand zu erwerben und ihn in einen betriebsbereiten Zustand zu versetzen:
  Anschaffungspreis
  + Anschaffungsnebenkosten
  - Anschaffungspreisminderung
  = Anschaffungskosten

- Herstellungskosten: Sie die Aufwendungen, die durch den Verbrauch von Gütern und die Inanspruchnahme vom Diensten für die Herstellung eines Vermögensgegenstandes, seine Erweiterung oder für eine über seinen ursprünglichen Zustand hinausgehende wesentliche Verbesserung entstehen.

# Abschreibungen

- Bei Gegenständen des Anlagevermögens, die über einen längeren Zeitraum genutzt werden, werden die AK oder HK nicht im Jahr der Anschaffung komplett als Aufwand gebucht.
- Dies wäre nicht sachgerecht, da noch kein Werteverzehr stattgefunden hat.
- Werteverzehr findet bei abnutzbaren Vermögensgegenständen erst in der Folgezeit statt.
- Die planmäßige Abschreibung dient dazu, diesen Werteverzehr zu erfassen.

Anschaffungskosten / Herstellungskosten
- planmäßiger Abschreibung
= Buchwert

- Der Plan muss die Anschaffungs-. Herstellungskosten auf die Geschäftsjahre verteilen, in denen der Vermögensgegenstand voraussichtlich genutzt werden kann.
- Bei Vermögensgegenständen des Umlaufvermögens gibt es keine planmäßige Abschreibung, da diese nur kurz im Unternehmen verweilen.

# Geringwertige Güter / GWG Sammelposten

- Voraussetzungen:
    - → Es Handelt sich um ein abnutzbares Anlagevermögen
    - → Wirtschaftsgut ist selbstständig nutzbar
    - → bewegliches Wirtschaftsgut
    - → Anschaffungskosten ohne Vorsteuer betragen nicht mehr als 1000€

- AK / HK unter 150€: keine Aufzeichnungspflicht, sofort als Betriebsausgabe zu buchen.
- AK / HK 150€ - 410€: Müssen in einem besonderen Verzeichnis erfasst werden. Sofortabschreibung oder nach betriebsgewöhnlicher Nutzungsdauer
- AK / HK 150€ - 1000€: Aufnahme in -Sammelposten. Nutzungsdauer 5 Jahre. Sammelposten verringert sich nicht bei Anlageabgängen.

- Wahlrecht zwischen beiden Varianten, aber dann einheitlich für das ganze Geschäftsjahr.

# Erfolgskonten

- Konten auf denen Erfolgsvorgänge erfasst werden, bezeichnet man als Erfolgskonten.
- Sind Unterkonten des Eigenkapitals
- Rechnerisch ist das Eigenkapital des Unterschiedsbetrags zwischen der Summe des Vermögens und der Summe der Verbindlichkeiten.
- Bei den betrieblich verursachten Eigenkapitaländerungen wird unterschieden zwischen Eigenkapitalminderung und Eigenkapitalmehrungen.
- Es gibt betriebliche Ausgaben, die weder zu einem Aktiv-Tausch noch zu einer Verminderung der Verbindlichkeiten führen. z.B. Zahlung der Miete.

- Eine betrieblich verursachte Minderung des Eigenkapitals bezeichnet man als Aufwand. Aufwendungen mindern das Eigenkapital.
- Eine betrieblich verursachte Mehrung des Eigenkapitals bezeichnet man als Ertrag. Erträge mehren das Eigenkapital.
- In den Änderungen des Eigenkapitals spiegelt sich der Erfolg des Unternehmens wieder.
- Der Erfolg kann negativ sein (Verlust) oder positiv (Gewinn) sein.
- Geschäftsvorfälle, die zu einer betrieblich verursachten Eigenkapitalmehrung oder -minderung führen, werden als Erfolgsvorgänge bezeichnet. Diese werden in Erfolgskonten gebucht.
- Aufwandskonten: Hier werden die betrieblich verursachten Eigenkapitalminderungen erfasst.
- Ertragskonten: Hier werden die betrieblich verursachten Eigenkapitalmehrungen erfasst.
- Aufwendungen stehen auf den Aufwandskonten im Soll
- Erträge stehen auf den Erfolgskonten im Haben.
- Erfolgskonten haben keinen Anfangsbestand.
- Aus dem GuV Konto wird auch die GuV – Rechnung erstellt. Der Saldo aus dem GuV-Konto wird dann an das Eigenkapitalkonto übertragen:

Summe der Erträge
- Summe der Aufwendungen
= Gewinn oder Verlust

- Der Gewinn des Unternehmens ist die Bemessungsgrundlage für die Einkommens-, Körperschafts- und Gewerbesteuer
- Laut Einkommenssteuergesetz ist der Gewinn folgendermaßen definiert:

Eigenkapital am Schluss des Wirtschaftsjahres
- Eigenkapital am Schluss des vorangegangenen Wirtschaftsjahres
+ Entnahmen
- Einlagen

## Gewinn- und Verlustrechnung

- **Gesamtkostenverfahren**: Gruppierung der Kosten nach Kostenarten. Alle Kosten die in einer Periode angefallen sind. Bestandsveränderungen für Halb- und Fertigfabrikate müssen berücksichtigt werden.
- **Umsatzkostenverfahren**: Gruppierung der Kosten nach Funktionsbereichen. Kosten und Leistungsrechnung ist Voraussetzung. Erlöse in einer Periode und die dazugehörigen Kosten.
- **Beide Methoden liefern jedoch das gleiche Ergebnis.**
- Aufbau der GuV nach dem Gesamtkostenverfahren:
  o Rohergebnis
  o Betriebsergebnis
  o Finanzergebnis
  o Außerordentliches Ergebnis
  o Jahresüberschuss / Jahresfehlbetrag

11

## Einzahlung / Einnahme / Ertrag

- Einzahlung: Alle Zahlungseingänge die Kasse oder Bank erhöhen. -> nur Geldflüsse
- Einnahme: Alle Zahlungseingänge. -> Geldflüsse und Forderungen
- Ertrag: Wert aller erbrachten Leistungen pro Periode.

## Auszahlung / Ausgabe / Aufwand

- Auszahlung: Alle Zahlungsausgänge, die Kasse oder Bank verringern. -> alle Geldflüsse.
- Ausgaben: Alle Geldflüsse + Verbindlichkeiten
- Aufwand: Werte aller verbrauchten Güter und Dienstleistungen pro Periode.

## Bereich der Kosten- Leistungsrechnung

- Kostenartenrechnung: Welche Kosten gibt es?
- Kostenstellenrechnung: direkt zuordnen (Einzelkosten) oder nicht direkt zuordnen (Gemeinkosten)
  → Im Betrieb hat man vier Hauptkostenstellen:
    o **Materialgemeinkosten**
    o **Fertigungsgemeinkosten**
    o **Verwaltungsgemeinkosten**
    o **Vertriebsgemeinkosten**
- Kostenträgerrechnung: Welche Kosten fallen beim erzeugten Produkt an?

## Aufgaben und Ziele der KLR

- Kalkulation und Preisbeurteilung
- Kontrolle der Wirtschaftlichkeit
- Bereitstellen von Unterlagen für Entscheidungsrechnungen
- Erfolgsermittlung und Bestandsbewertung

## Unterschiede Fibu – KLR

- Fibu:
  Gesamtergebnisrechnung
  Aufwendungen, Erträge
  Geschäftsjahr
  für das ganze Unternehmen

- KLR:
  Betriebsergebnisrechnung
  Kosten, Leistungen
  Monat, Quartal
  Betrieb

- Mit der Abgrenzungsrechnung kommt man vom Gesamtergebnis (Fibu) zum Betriebsergebnis (KLR)

- Wie kommt man zum Abgrenzungsergebnis:

Gesamtergebnis (Erträge – Aufwendungen)
- neutrales Ergebnis (betriebsfremd, außerordentlich, periodenfremd)
- Ergebnis aus kostenrechnerischer Korrektur (kalkulatorische Kosten, Anderskosten, Zusatzkosten)
= Abgrenzungsergebnis

## Abgrenzungsrechnung von Fibu zur KLR

- Grundkosten: Werden genauso übernommen.
- neutraler Aufwand: bestimmte Aufwendungen und Erträge fallen weg:
  o periodenfremd
  o außerordentlich
  o betriebsfremd
- Zusatzkosten: bestimmte Aufwendungen und Erträge kommen hinzu
- Anderskosten: bestimmte Aufwendungen und Erträge werden in der KLAR mir anderen Kosten angesetzt.

## Rechnungstypen

1. Einzahlungen / Auszahlungen
-> hier sind nur Geldflüsse gemeint
z.B. Barkauf von Geschäftsausstattung
Aufnahme eines Darlehens
Barverkauf von Erzeugnissen

2. Einnahmen
-> Einnahmen beinhalten Geldflüsse und alle Forderungen mitgezählt
z.B.: Verkauf von Ware auf Ziel (Forderung)
Verkauf von Ware in Bar (Einzahlung und Einnahme)
-> Einzahlung aber keine Einnahme:
Ein Kredit der Bank wird überwiesen.
-> Einnahmen sind gleichzeitig auch Einzahlungen:
Verkauf gegen Bargeld oder Scheck
-> Einnahmen sind gleichzeitig Einzahlungen:
Verkauf auf Ziel

3. Ausgaben:
-> Auszahlung aber keine Ausgabe:
Bartilgung eines Bankkredites

-> Ausgaben sind gleichzeitig Auszahlungen:
Bareinkauf von Produktionsfaktoren
-> Ausgaben sind nicht gleichzeitig Auszahlungen:
Wareneinkauf auf Ziel


4. Erträge
-> Einnahmen aber keine Erträge
Verkauf von Sachvermögen zum Buchwert
-> Erträge = Einnahmen
Umsatzerlöse
-> Erträge aber keine Einnahmen:
Spezialmaschine wird selbst hergestellt

5. Aufwendungen
-> Ausgaben aber kein Aufwand
Kauf von Sachanlagevermögen
Hier wird nur die Art des Vermögens getauscht. Geldvermögen wird zu Sachvermögen. Der
Vermögenswert im Unternehmen bleibt aber gleich.
-> Ausgabe = Aufwand
Abbuchung der Kreditzinsen
Hier wird das Vermögen des Unternehmens kleiner, in diesem Fall das Geldvermögen
-> Aufwand aber keine Ausgabe
Abschreibung einer früher angeschafften Maschine
Hier wird das Sachvermögen weniger, aber es findet kein Geldfluss statt.

## Aufwendungen aus G+V

- Zweckaufwendungen:
    o Materialkosten
    o Personalkosten
    o Stromkosten
    → Diese Aufwendungen kommen in die Kosten – Leistungs- Rechnung

- neutrale Aufwendungen:
    o betriebsfremde Aufwendungen, z.B. Spende
    o betrieblich außerordentliche Aufwendungen, sind betrieblich aber nicht
      regelmäßig, z.B. bei Feuerschaden
    o periodenfremde Aufwendungen, z.B. Steuernachzahlungen aus den Vorjahren
    → Fällt die Aufwendung unter einen diese Punkte, ist sie also eine neutrale
      Aufwendung und kommt somit nicht in die KLR

## Erträge aus G+V

- Zweckertrag: z.B. Umsatzerlöse
    → Diese Erträge kommen in die KLR.

- neutrale Erträge:
  - o betriebsfremder Ertrag, z.B. Zinserträge
  - o periodenfremder Ertrag, z.b. Steuerrückerstattung aus dem Vorjahr
  - o betrieblich außergewöhnlicher Ertrag, z.B. Veräußerungserlös eines bereits abgeschriebenen Maschine. Sind betrieblich aber nicht regelmäßig
- → Alle Erträge, die unter einen dieser Punkte fallen, also neutrale Erträge sind, finden keine Anwendungen in der KLR.

## Kalkulatorische Kosten

Kalkulatorische Kosten können nicht aus der Fibu übernommen werden, sondern müssen für die KLR ermittelt werden.
Kalkulatorische Kosten sind:
- kalkulatorische Abschreibung
- kalkulatorische Zinsen
- kalkulatorische Wagnisse
- kalkulatorische Miete
- kalkulatorischer Unternehmerlohn -> Unternehmer hat kein Gehalt

## Kalkulatorische Abschreibung

Während bei der Abschreibung in der Fibu eine möglichst hohe Afa in den Anfangsjahren wegen Steueroptimierung erzielt werden möchte wird bei der kalkulatorischen Abschreibung für die KLR realistisch bewertet.
Hier ist der Wiederbeschaffungswert ausschlaggebend.
→ Wiederbeschaffungswert = Anschaffungskosten mal Preissteigerungsfaktor
Die Nutzungsdauer ist hier die tatsächliche Nutzungsdauer nicht wie in der Fibu aus den Afa Tabellen.

## Kalkulatorische Zinsen

- Im Betrieb ist immer Kapital gebunden, d.h. das eingesetzte Kapital hätte auch für andere Geldanlagesysteme genutzt werden können. Man hat einen entgangenen Gewinn, da Eigenkapital auch hätte angelegt werden können.
- Formel kalkulatorische Zinsen:

  betriebsnotwendiges AV
  + betriebsnotwendiges UV
  = betriebsnotwendiges Vermögen
  - Abzugskapital
  = betriebsnotwendiges Kapital
  x Kalkulationszinssatz
  = kalkulatorische Zinsen

- Das betriebsnotwendige Anlagevermögen berechnet sich wie folgt:
  Anlagevermögen
  - nicht betrieblich gemietete Gebäude

- stillgelegte Anlagen
- ungenutzte Grundstücke
- nicht betriebsnotwendige Beteiligungen

- Das betriebsnotwendige Umlaufvermögen berechnet sich wie folgt:
  Anfangsbestand UV + Endbestand UV :2

- Abzugskapital: Das gesamte den Betreib zinsfrei zur Verfügung stehende Kapital
  bildet das Abzugskapital.
  zinsfreies Darlehen
  + Lieferantenkredite
  + Kundenanzahlungen
  +Rückstellungen
  = Abzugskapital

## Kalkulatorische Wagnisse

Ist das Unternehmen gegen spezielle Risiken versichert, laufen die
Versicherungsprämien in die KLR ein. Falls nicht, werden folgende kalkulatorische
Wagnisse angesetzt:

- Anlagewagnis: z.B. Ausfälle, vorzeitiges Nutzungsende,
  Bezugsgrößen sind hier Anschaffungswerte bzw. Wiederbeschaffungswerte

- Beständewagnis: z.B. Schwund, Veraltung, Entwertung,
  Bezugsgröße ist hier der Lagerbestandswert

- Fertigungswagnis: z.B. Ausschuss, Nacharbeit
  Bezugsgröße sind hier die Herstellkosten der Erzeugnisse

- Entwicklungswagnis: z.B. fehlgeschlagene Entwicklungsprojekte
  Bezugsgrößen sind hier Fertigungs- und Entwicklungskosten, oder Herstellkosten

- Vertriebswagnis: z.B. Forderungsausfälle, Währungsverluste
  Bezugsgrößen sind hier Forderungsbestand, Umsatz

- Gewährleistungswagnis: z.B. Garantieverpflichtungen, Ersatzlieferungen
  Bezugsgrößen sind Herstellkosten, Selbstkosten, Umsatz

- Transportwagnis: z.B. Transportschäden
  Bezugsgröße ist hier der Warenwert

  → Ermittlung: bestimmter Prozentsatz einer Bezugsgröße

# Gliederung der Kosten

Aufgabe der Kostenartenrechnung ist die Erfassung sämtlicher betrieblicher Kosten. Einteilung nach:
- Produktionsfaktoren
- Funktionen (Abteilungen)
- Beschäftigung (Auslastung, Fixkosten und variable Kosten)
- Verrechnung (Einzel- und Gemeinkosten

**Produktionsfaktoren:**
- Materialkosten
- Personalkosten
- Maschinenkosten
- Kapitalkosten
- Fremdleistungskosten
- öffentliche Abgabe
- Wagniskosten

**Funktionsbezogene Einteilung:**
- Ort der Entstehung (Kostenstellen)
- Material (Beschaffung)
- Fertigung, Montage (Produktion)
- Vertrieb (Absatz)

**verrechnungsbezogene Einteilung:**
- ➜ Einzelkosten:
  - o Fertigungsmaterial
  - o Fertigungslöhne
- ➜ Gemeinkosten:
  - o fallen für den allgemeinen Geschäftsbetrieb an
  - o können dem Produkt nicht direkt zugerechnet werden
  - o indirekte Zurechnung als Zuschlag auf die Einzelkosten

**Vollkostenrechnung**

Summe aus Einzel- und Gemeinkosten ergeben die Selbstkosten.

**beschäftigungsbezogene Einteilung:**
- ➜ variable Kosten:
  - o Materialkosten und Fertigungslöhne
  - o je mehr Stück hergestellt werden, umso mehr variable Kosten fallen an
- ➜ Fixkosten:
  - o nicht abhängig wie viele Produkte hergestellt werden.
  - o Raumkosten, Abschreibung Gebäude, Maschinen

**Teilkostenrechnung**

Gesamtkosten = fixe Kosten + variable Kosten

## Kostenstellenrechnung

Kostenstellen sind Orte der Kostenentstehung
→ abgegrenzte Bereiche des Betriebes

- funktionale Abgrenzung
  = unterschiedliche Kostenstellen für verschiedene Funktionen
- räumliche Abgrenzung
  (Werkhalle, Lagerhalle, Erträge)

- organisatorische Abgrenzung
  = Gliederung nach Bereichen, Abteilungen, Gruppen

  → Der Betriebsabgrenzungsbogen (BAB) ist das klassische Instrument der
  Kostenstellenrechnung

- allgemeine Kostenstellen: z.B. Reinigung, Kantine, Betriebsfeuerwehr
  → Abgabe der Leistung an das gesamte Unternehmen. Verteilung auf alle
  Kostenstellen.

- Hauptkostenstellen
  o Material
  o Fertigung
  o Verwaltung
  o Vertrieb

- Hilfskostenstellen: z.B. Arbeitsvorbereitung, Werkzeugmacher, Reparatur
  Abgabe der Leistung an Teilbereiche des Unternehmens.
  Verteilung auf die jeweilige Hauptkostenstelle.

## Betriebsabrechnungsbogen (BAB)

- Dient der Ermittlung der Gemeinkostenzuschläge
- bei welcher Kostenstelle fallen meine Gemeinkosten an?
- Hier werden die allgemeinen Kostenstellen auf die Hauptkostenstellen verteilt.
- Die Hilfskostenstellen werden auf die entsprechende Hauptkostenstelle verteilt

18

# Gewinnzuschlagssatz

Den Gewinnzuschlagssatz berechnet man, indem man den Gewinn durch die
Selbstkostenteilt.

Gewinn: Selbstkosten = Gewinnzuschlagssatz

Selbstkosten = Einzelkosten + Gemeinkosten

# Break-even-Point / Deckungsbeitrag

- Bei der Break-even-Analyse entspricht der Break-even-Umsatz den Gesamtkosten
- Bei der Break-even-Analyse entspricht der Deckungsbeitrag den Fixkosten
- Gesamtkosten = Fixkosten + variable Kosten
- Stückkosten = variable Kosten + Fixkosten pro Stück. (Fixkosten: produzierte Menge)
- Je mehr ich produziere umso kleiner werden die Fixkosten pro Stück.
- $db = p - kv$
- $DB = U - Kv$
- $BE = DB - Kf$
- $be = p - kv - kf$
- Sind weder Fix- noch variable Kosten gegeben, so ist das Differenz-Quotienten-Verfahren anzuwenden.

variable Stückkosten
gesamte Fixkosten
kleiner Deckungsbeitrag (db)

sind immer gleich

- Der Break-even-Point verändert sich nur, wenn seine Bestimmungsgrößen (Preis, Fixkosten, variable Stückkosten) beeinflusst werden.